ansatser; avgränsningar
129 fragment, en sonett, ett collage

ansatser; avgränsningar

129 fragment, en sonett, ett collage

mikael gudmundsson

Tidigare utgivet:

Jagvinge   1976

Nordvästra Skåneland sett genom 49 ögon   1977

Tryckår: 2015

ISBN 978-91-973790-0-7

Ahead Productions
Tycho Brahegatan 46

21614, Limhamn

Orderinformation Ahead Productions Tel:+46-70-5915476

Till alla mina människor

What thou lovest well remains,
the rest is dross

Ezra Pound
Canto LXXXI

129 fragment

hon tog mig till
sin avgrunds outtalade rand
där beröringen fick
universum att
slå rot i
deras hjärtan
expandera sin oändlighet
så att ingenting skulle vara som förr
så att de skulle våga flyga

;

hur det görs
hål i dig
öppningar som släpper
in ljus

bara där det spricker
brister & smärtar
sipprar livet i

;

du har gått tunga vägar
du har gått tunga vägar
tunga vägar har du gått
vägar tunga har du gått

;

vågar du komma till mig
naken
i den tunna klänningen av
besvikelser och
trasig kärlek
vågar du komma till mig
naken

;

din närvaro slungar
mig i kaskader
där färgerna växer
och lever

kantrade hjärtan som
tar in blod
kött och ben

;

du river upp mitt
ylande sår
där orden vältrar sig
som blinda
larver

;

att vi var varandras
bars på samma våg
över havet där
andra själar förlist
leddes av ditt
hjärtas ljus
mot stranden av helhet

;

min far är
min ryggrad och
min mor
hjärtat som slamrar &
skälver

;

alla våra rörelser
molekylära & utom kontroll
delar av och
avdelade

förbarmande förälskelse
förenar

;

balanserar på randen av
musiken med
tårna kan jag
känna golvet
som noll i mitt
härbärge av rörelse

;

förlamrad & begnistrad

förödd

;

det är kort tid tills vi
inte längre

;

vi härbärgerar oss

;

när du sover blir
din hud slät
som ett barns
med mjuka skuggor
av kärlek, doft

;

öppnar min själ
mot strömmen av allt

;

dagen ryttlar
redo

med strömmande silver

;

tornseglarna som
svart eld
precisionen,
balansen

;

du vetter mot
mitt mörker
och allas mörker
gemensamt
som förutsättning
för ljus, öppning

;

när jag såg min far
passera in i skymning
stävjas & förjordligas
skiftade tyngderna
läge, planeterna
förändrades

;

i det längsta försökte
sjukhuset ta din värdighet
ifrån dig
göra dig till något annat
betvinga och förringa
din krigarstolthet

det kunde inte lyckas
för den är kopplad
till levandets nerv

;

det finns bilder som bär
både dig och mig
inom sig
som den grodart
vars ungar väntar
på sitt eget liv
under
förälderns hud

;

när jag möter dig går
känslorna skallgång
efter mitt hjärta i
hela kroppen

;

besannar dig som
du besannar mig

;

hägern i det låga
medljuset
orörligt fokuserad
i viljan till liv

;

tar en promenad ut på sandön
och känner den långa
bryggan svaja under fötterna
osäker som allt annat
är osäkert, ohelt
fyllt av sig själv och det
andra

;

första gången jag höll
min son i famnen
förändrades allt
och vände aldrig tillbaka
den kärleken har
inget namn

;

bortom analys och verkan
smaken av sälta i luften
nära havet när
vinden ligger på
alkemiskt

;

när fick jag mitt namn
i universum
blev till för
allt det andra

;

ditt väsen så lätt
berörde mig
ändrade hur jag
såg på världen
utan handling
doftande av löften
och frihet

;

vi är varandras
principer, mönster
förklarar oss för
varandra och oss
själva

;

morgonens ljus är
ändlöst och ger
hopp
lungor som sakta fylls
av ny luft
vädrar ut
koldioxid

;

hur ska jag omfatta
förgängligheten
försvinnandets oändliga

;

sanningens relativering

;

krafter som trycker drar och
pockar
förändrar och formar
alla en del
av mitt allt
den levande massa som
avgränsas från andra
med jagets tunna
membran

;

och hugg natten
i strupen
utan förbarmande

;

det fascinerade mig
redan i tonåren
roten ur minus ett
den imaginära enheten
som inte kan bli reell
utan en annan
identisk enhet

;

vägrar innefattas i
en ordning som inte
bygger på
människan

;

vill gärna tänka mig

;

genomflugen
av varje partikel
känd som
okänd

och tillbaka igen
iterativt

;

sträcker mig
försiktigt in i
din sömn och
smeker med
pekfingret
ditt skyddslösa
ögonlock:
du är ett
slags avsked
där jag är
närvarande

;

anländer till
dig som till
en helt okänd
stad:
främlingskapet
legitimeras

;

ibland är den
medvetna lögnen
den ärligaste
relationen

;

skriver mig
i någon riktning
inuti den
ögonlösa stormen
av allt
utan att veta vad
jag ska ta mig till
eller från

;

rör mig med
större tydlighet
i förorternas
blinda kontraktioner
en antydan till språk
i vinden
vi ger ljud
ifrån oss

;

igen:
hukare
bland yrande
barnskärvor

;

trivs bäst
med dig
i den
öppna skymningens
landskap

dina skärvor
i mig
tyder samhällets
tecken
ristade i
pannan

;

håll mig hårt i
handen jag inte har
medresenär

;

självförverkligande är inget man
själv förverkligar

;

ditt kön
som ett
svagt gnyende
av glödande silver
våra namn
och former
delar av
nattens blekgula
urverk
plöjer varandras
jord med
tillitens
redskap
ger varandra
det privatas
kraft till
det allmänna
och tillbaka
igen

;

introversion:
ett led i det dialektiska skeende som
möjliggör gemenskap
utan identitetsförlust

;

okontrollerbara skeenden
inuti och utanför
min kropp
måste dagligen värja mig
mot känslan att livet
bara är något som
händer mig

;

det ständiga självmordet
konstituerar mitt liv
jag laddar mina ord
sätter deras kalla
mynning mot tinningen
och trycker av

;

orden låter mig
aldrig avsluta
börjandet

;

återvänder men
tvingas åter vända

den enda fasta punkten
är den ständiga rörelsen.

;

ibland tror jag på
lågmälda sånger
det får mig att
vilja skrika

;

kärleken är den illusion
som gör mig illusionslös

;

väntar mig
inget längre
bara en lång
väntan

;

förtryckare talar
mycket om frihet
den legaliserar förtrycket

;

registrerar seismografiskt
kan inte ensam
formulera förtryckets
alltmer sofistikerade
mekanismer
göra dem omedelbara
som en doft
från barndomen

;

försvarar rätten till
förvirring men
förlorar därmed inte
rätten till revolution

;

objektivitet:
traditionen förklädd
till en
förklädnadslös

;

kärlekens ljus
plöjer
nattskärrejorden

;

det ligger en sång och
ruttnar i varje
människas skrivbordslåda

;

språket är ett verktyg

använder det för att
försöka öppna livet

;

de vänder aldrig
tillbaka
de förbrukade
orden

;

hemsökt av hemlöshet
söker jag ett hem
i de här orden

;

låt mig gå
precis lagom vilse
i din
oändliga labyrint

;

former, strukturer och
analyser värjer oss
mot alltets fundamentala
oordning

;

högt uppe i bergen
kan jag fortfarande
fyllas helt
av varande

;

i min ungdom rökte
jag säkert 10 000
cigaretter om året
så mycket försökte jag
förstå livet

;

min favoritdåre bär alltid
hörselskydd & gasmask
befarar att det är
en klok man

;

har sett hur
aftonfalken
bär enkelhetens
all färger
kondenserade
i sina klor

;

det kommer tillbaka hit
till orden som
valhänt greppar
världen

broarna mellan
språk och värld
letar mig
byter allt mot att
få höra
klangen jag anat
hela mitt liv

;

envisas med att säga
att döden inte
betyder något
fast den skrämmer livet ur oss

;

bortkommen i
varje hemkomst

;

idag vill jag
läsa svarta dikter
& berusa mig på
surt, rött vin

;

vill alltid
vara berusad
vill be i tysthet
på kalla golv
om nåd

;

i det vita ljuset
på en vit yta
utan gränser

faller genom natten
som en sten
av blod

;

de sanna poeterna
har aldrig
skrivit en rad

;

gud & förintelse
trött är jag som
en gammal teodicé

;

poesi är hela
livet
rörelser, tal
transaktioner

;

ska då enda
möjligheten vara
att skjuta sig ut
ur rummen där man
inte ryms

;

reser
långt bortom
kärlekens gräns

;

vi ger orden
betydelser
de är patroner av förintelse
& gud

;

som det vita ljuset
innehåller alla färger
innehåller döden
allt liv

;

komprimeras ibland
av krafter utan
vektorer
så mycket att
talet inte lämnar mig

;

lärde mig för länge sedan
hur många
den ensamma fågelns
villkor är

;

i den ändlösa
kollisionen mellan
de olika nivåerna av
abstraktion och
konkretion
lever den såriga öppenheten
med smaken av blod & järn
i munnen

;

viljan till kärlek
gör oss
hjälplösa &
hänsynslösa

;

den enda allvarliga
duellen är den
med gud

;

vet inte hur jag
blev en del av den
stora processen
gränserna omöjliga
att återupprätta

;

så många
så många
begravda som
stelnade bilder
i detta hjärta

;

tänker inte
tala mer
inte skriva
inte låta mig fyllas
av något
för att
åter & åter
bli tom

;

kan inte leva i
den här världen
utan att glömma
vad liv är

;

någon gråter nu
över de förlorade
spåren, vägarna

;

i den momentana
kärlekens mitt
bleknar förräderiets
ansikte

;

tyngderna, vikterna
axlarna & hjulen

;

låt dig inte
förödas
i den här
förödda världen

;

ångest är
medvetandet
som rör vid
världen

;

nu är jag tillbaka
det finns ingen
återvändo

;

och gud är
rörelsen
den första
& sista

;

bara de laglösa kan
bygga sin etik
på människan

;

sorgen kommer ibland
som ett täcke av
svart snö
dämpande
vilseleder alla
sinnen

;

så många krossas varje
dag under sorgens
hjul
har sett så många
trodde inte det var
så många
så många

;

porerna öppnas

trä mig som en pärla
på världens tråd

;

hjärtats hjul
på rastlöshetens räls
färdas genom
bild på bild

;

säger till mig själv:
jag har inget hjärta
här kan inga med
hjärta överleva

;

här är bildlöst &
färglöst
res inte hit

;

sammanhangen med
människorna blir
allt otydligare
hur långt kan du
resa & ändå
vända tillbaka

;

vi är rostiga
redskap från
en sedan länge
död kultur
vi undersöker oss
vi hittar ingenting att
använda oss till
ändå måste vi det

;

du sa att min
kärlek till dig
bara var egoism
det var egoistiskt

;

så ville jag relatera mig
till dig
som havet
med oändlig styrka
oändlig ömhet

;

jag älskar havet för
att det inte älskar mig
jag älskar havet för
att det inte hatar mig
jag älskar havet

;

hur lär vi
ögonen att
röra vid
världen, människorna
förgängligheten

;

min kärlek är
som ett mycket litet
barn
har ännu inget namn
vad heter
din kärlek

;

kom närmare så
ska jag bekänna

jag har aldrig
begripit mig på
världen

;

den ofödda flickan som
leker i gräset är
så lik dig när du var liten
att mina ögon tåras
i hennes grå ögon
bor oändligheten
och ömheten för
allt levande

;

när du sitter i den
grå stolen
med ett leende
som en halvt slutförd
rörelse
som en del av den större
halvt slutförda rörelse
som är ditt liv
i relation till mitt

kärlekens möjligheter
spränger det
cirkulära språket

;

bländad av ljuset
blev jag
en stråle av
mörker

;

intiutionen
är den enda
möjligheten
till helhet
hjärtats &
hjärnans
vägda värde

;

vi mäter oss mot
de värden vi
uppfattar som
barn
ankrar mot värden
som inte kommer
ur oss
blir oss givna
som namn och
födelsedagar
först långt senare
kan vi förhålla oss

;

bänd sönder &
radera de osynliga
murarna som hindrar
tanken från att
röra sig utan begränsning
utan att fråga om lov

;

den frihet rätt kan bära
alla glömmer den frasen
det är lätt
den första är enklare

;

när du inte längre vet
vem du är och händerna
bankar hjälplöst mot okända dörrar
ser du en skymt av
det andra, öppningen
det möjligas
bord

;

jag kommer inte längre att

;

vi har nästan ingen
tid kvar
försöker formulera
om språket
ända ner
till det betydelsefulla

;

så öppnades ett gammalt hjärta
som lärde sig sjunga igen
först lågt och försiktigt
sedan starkare
och till slut
parodiskt

;

låt detta bli
det sista fragmentet
låt gamla hjärtan
ligga
låt gamla hjärtan
ligga

;

Sonett

regelverken lagarna upphäver sig
själva inuti sig själva och ber
hjärnans kemiska processer vitna ner
förklarar inte längre tingen för dig

resor positioner nätverk negationer
osäkerhetens mattblanka egg föröder
ditt första sista skrik din mun förblöder
mitt i kroppens stillsamma kontraktioner

som ser: inga möjliga vägar längre
och som inte vill byta liv och död mot
det tyngdlösa samhällets tama plikter

tysta sångens cirklar blir trängre trängre
kaos ordning blandas not för ton för not
all känsla binds till människor som av vikter

;

Collage

"Movitz mon frére, märk hur vår skugga…"
skuggfågling&avledning&positionsbelastning
"Märk hur vår…"
"Rintrah roars and shakes his fires in the burdened air"
utan tvivel och i den här ställningen dog vi igen & igen
öppna hjärnans förståelse växande i det ekonomiska våldets
växande
"Womb?Weary?
He rests. He has travelled."
Och vilken stämma i den krigshärjade kören ska nu
imiteras?
"…Though my face is a burnt book, a wasted town."
wasted wasted waste
)???????(
"…Though my face is…"
"Mitt ansikte i rutan
det är som alla andras
när det dagas är det
borta

Han berättade hur hans ansikte förvandlades i spegeln (till
vaddå till vaddå)
En hjärna ett käkben och två ögon. han skrek. efter hjälpen
som inte finns
Nyfiken i en ruta
Jack and Jill went up the hill
who were they to kill
by eating the fruit
brought by the newt?

www.ingramcontent.com/pod-product-compliance
Lightning Source LLC
Chambersburg PA
CBHW070028110426
42741CB00034B/2691